Albert RICHARD

MÉDECIN DE LA MARINE

Le Mensonge

chez

la Femme hystérique

..... Cœurs faux à force de faiblesse.

(HARAUCOURT).

BORDEAUX

IMPRIMERIE Y. CADORET

17, RUE POQUELIN MOLIÈRE

1902

ALBERT RICHARD

MÉDECIN DE LA MARINE

Le Mensonge

chez

la Femme hystérique

..... Cœurs faux à force de faiblesse.

(HARAUCOURT).

BORDEAUX

IMPRIMERIE Y. CADORET

17, RUE POQUELIN-MOLIÈRE, 17

1902

A MES PARENTS

Faible témoignage de ma profonde affection
et de ma reconnaissance.

————————

A LA MÉMOIRE DE CEUX QUI M'ÉTAIENT CHERS

A mon Président de Thèse,

Monsieur le Docteur G. MORACHE

Professeur de Médecine légale à la Faculté de Médecine de Bordeaux,
Commandeur de la Légion d'honneur, Officier de l'Instruction publique, etc.,
Membre correspondant national de l'Académie de médecine.

M. le professeur Morache nous a donné l'idée première de ce travail et nous a fait le grand honneur d'accepter la présidence de notre thèse, qu'il nous soit permis de lui payer ici notre dette de reconnaissance. Nous garderons toujours le meilleur souvenir du bienveillant accueil que ce maître éminent a bien voulu nous faire et son enseignement restera notre guide dans la carrière dont nous franchissons aujourd'hui le seuil.

Nous témoignons ici notre gratitude aux maîtres qui, durant nos années d'études, nous ont prodigué leurs conseils et nous ont soutenu de leurs lumières et de leur sympathie.

Nous remercions particulièrement MM. les professeurs Ferré et Picot, M. le médecin-major Rouget, pour avoir souvent encouragé nos efforts et pour la bienveillance qu'il a montré sans cesse à notre égard ; M. le médecin en chef Chevallier, pour l'intérêt qu'il nous a témoigné et l'indulgence avec laquelle il a bien voulu toujours nous accueillir.

Il nous reste enfin le devoir d'assurer de notre entier dévouement tous ceux avec qui nous avons entretenu, durant trois ans, d'excellentes relations et de leur affirmer que nous emportons d'eux un souvenir ineffaçable.

Bordeaux, décembre 1901.

LE

MENSONGE CHEZ LA FEMME HYSTÉRIQUE

... Cœurs faux à force de faiblesse.
(HARAUCOURT).

INTRODUCTION

L'hystérie, ce véritable protée pathologique sur lequel devaient enfin projeter la lumière les considérables travaux des neuropathologistes contemporains et particulièrement de l'école de la Salpêtrière, n'est encore connue dans le public, et souvent même dans le public éclairé, que par les conceptions erronées des aliénistes anciens.

Pour un très grand nombre de gens, hystérie est synonyme de corruption morale, de dévergondage, de perversité. Il arrive que l'on regarde l'hystérie, dit M. le professeur Pitres, comme « l'expression pathologique du tempérament érotique, comme la conséquence et le châtiment du libertinage des mœurs ». Le personnage du roman de Zola (1) mettant dans le mot « hystérie » « toute la gaillardise bourgeoise d'une indécence, le sourire lippu d'un père de famille dont l'imagination brusquement

_____

(1) Zola, *Pot bouille*, page 78.

làch éese repait de tableaux orgiaques », est le fidèle interprète du sentiment commun.

Depuis longtemps déjà, la science a fait justice de cette erreur née de la confusion de l'hystérie avec d'autres états mentaux pathologiques (la nymphomanie, par exemple) et de la vieille hypothèse localisant dans les organes génitaux internes de la femme les prétendues lésions de cette névrose. Il n'en est pas moins vrai qu'en bien des cas encore le médecin n'ose pas prononcer le mot d'hystérie, « comme s'il s'agissait là d'une maladie honteuse, comme si une fille vertueuse ne pouvait être hystérique » (1).

L'hystérie est un *caput mortuum* dans lequel on entasse tout ce qui semble étrange, tout ce que notre esprit ne peut expliquer. C'est surtout lorsqu'il s'agit de malades mentaux que se dessine cette tendance ; qu'une malade étrange se présente, une déséquilibrée quelconque, une débile plus ou moins coquette, une évaporée : c'est une hystérique, dit-on, et il semble qu'on ait tout dit.

Nous ne nous attacherons pas à toute la série d'idées fausses autant que fantaisistes qui ont couru et qui courent encore sur l'état mental des hystériques, malgré les explications réellement scientifiques qui en ont été données en ces derniers temps ; nous ne retiendrons qu'un seul reproche, le plus grave par ses conquences, celui auquel l'observation de tous les jours donne une valeur très nette et que corrobore l'autorité d'un grand nombre de traités classiques même récents : celui de mensonge.

« Il y a longtemps, dit Ch. Vibert (2), que l'on a remarqué » combien les hystériques étaient portés à faire des récits faux, » à inventer, souvent avec un grand luxe de détails, des his- « toires ne reposant sur rien de réel et qui sont racontées cepen- » dant avec une telle assurance et une telle précision, qu'il faut » parfois une enquête sérieuse pour en reconnaître l'inexacti- » tude ».

---

(1) Pitres, *Leçons cliniques sur l'hystérie et l'hypnotisme.*
(2) *Annales d'hygiène publique et de médecine légale.*

Pour Tardieu, un trait commun caractérise ces malades : « C'est la simulation instinctive, le besoin invétéré et incessant » de mentir sans intérêt, sans objet, uniquement pour mentir ».

« L'hystérique ment dans la mort comme elle ment dans toutes » les circonstances de sa vie ». dit encore Taquet.

Enfin dans un manuel qui est entre les mains de tous les étudiants, Dieulafoy appuie encore sur cette accusation : « La femme » hystérique, écrit-il, est exagérée en toute chose, volontiers » elle se donne en spectacle et pour se rendre intéressante elle » imagine toute sorte de simulations, elle est capable des actes » les plus répugnants. Les hystériques sont souvent malicieuses, » perverses, dissimulées, menteuses; certaines mentent avec une » ténacité et une effronterie inouïes; elles sèment partout la » brouille et la discorde; elles ne savent qu'inventer pour qu'on » s'occupe d'elles; elles jettent le désespoir dans leur famille en » annonçant qu'elles vont se tuer, alors qu'elles n'en ont aucune » envie; elles s'accusent d'actes qu'elles n'ont pas commis; elles » portent contre autrui de fausses accusations de vol et de meur-» tre, elles se disent victimes d'attentat et de viol et elles font » traîner des innocents devant les tribunaux, quand elles ne les » ont pas fait monter sur le bûcher, comme ce malheureux » Urbain Grandier que les Ursulines de Loudun accusaient de » crimes imaginaires ».

Si tous ces auteurs sont d'accord sur la réalité des mensonges des hystériques, on ne l'était pas moins autrefois sur la cause présumée de ces mensonges. Tout le monde se rattachait aux idées de Legrand du Saulle et, de nos jours encore, bien des gens, bien des médecins même, y sont restés fidèles.

Beaucoup de ces mensonges, on l'a noté depuis longtemps, ne procurent à leur auteur aucun bénéfice appréciable, on supposait donc qu'en mentant les hystériques n'avaient d'autre mobile que de chercher à se rendre intéressantes par des aventures plus ou moins étranges, à jouer un rôle qui les mettait en évidence. Il est beaucoup de médecins qui ont même fait de ce singulier besoin d'attirer l'attention sur soi un des traits essentiels du caractère hystérique.

Les études très attentives faites depuis sur ce sujet ont montré que cette interprétation ne saurait être acceptée qu'avec les plus expresses réserves et que les prétendus mensonges des hystériques ne méritent souvent pas un tel nom.

Parler contre la vérité n'est pas mentir; s'il en était ainsi, qui donc ne serait pas menteur? Mais on peut cependant être en droit de soupçonner de mensonge celui qui parle contre la vérité, surtout si son erreur est persistante et s'il se trompe dans des circonstances qui laissent croire que c'est sciemment qu'il le fait. Or, dans un premier chapitre, nous montrerons que la femme hystérique est portée à parler contre la vérité. Cette tendance s'est manifestée de façons très diverses et notamment par de fausses accusations ayant parfois amené les plus déplorables erreurs judiciaires.

Mais parler contre la vérité ne suffisant pas pour mentir, il n'y aura vraiment mensonge que si le sujet parle contre son jugement. Il est loin d'en avoir toujours été ainsi pour les hystériques ; leurs mensonges ne sont souvent que des pseudo-mensonges s'expliquant par l'auto-suggestibilité, l'hétéro-suggestion, les troubles de la conscience et de la mémoire.

Cependant l'hystérique peut, comme toute autre femme et plus que toute autre femme, mentir, parler contre son jugement; donc, après avoir étudié les pseudo-mensonges hystériques, nous étudierons les véritables mensonges hystériques.

Enfin, après quelques considérations générales et médico-légales, nous donnerons nos conclusions.

CHAPITRE PREMIER

Les hystériques parlent-elles contre la vérité ?

Les auteurs dont, en 1882, Huchard résumait les idées sur l'état mental des hystériques, ceux dont les théories ont longtemps survécu dans l'esprit du public, des littérateurs et de beaucoup de médecins, s'appuyaient, on doit le dire, sur un nombre considérable d'observations.

Si l'on se contente d'enregistrer les faits, sans plus, il est bien évident que de tout temps les hystériques n'ont fait qu'inventer les histoires les plus étranges, qu'elles n'ont reculé devant aucune des conséquences de leurs simulations.

Suivant les époques et les circonstances, elles ont trompé la clairvoyance des juges, les observations des savants et la foi des peuples.

Entre tous les faits qu'on peut citer à ce sujet, nous ferons un choix des plus caractéristiques et des plus probants, aussi bien parmi ceux qui appartiennent à d'autres âges que parmi ceux qui sont l'apanage de notre civilisation moderne.

Les mensonges hystériques d'aujourd'hui revêtent, en effet, un caractère tout différent de celui qu'ils possédaient autrefois.

Jusqu'au siècle dernier, où la religion n'avait pas encore décliné sa supériorité, où non seulement la foi, mais encore la superstition régnaient sur beaucoup de consciences et particulièrement de consciences féminines, « on ne voyait guère les âmes tourmentées que du combat des mauvais anges contre les bons, les démons et les séraphins jouaient le grand rôle dans tous les délires » (1). Aussi les hystériques d'alors se rangent-

---

(1) M. de Fleury, *Introduction à la médecine de l'esprit*, p. 5.

elles, par leur état mental, en deux catégories : les mystiques et les sorcières.

L'on a si bien considéré les mystiques comme de simples menteuses que Legrand du Saulle, peu tendre pour les hystériques, ne se donne pas la peine d'insister sur leur cas, croyant en avoir assez dit sur l'état mental de ces malades. Le seul mérite qu'il reconnaisse aux mystiques, c'est d'être inoffensives.

Certes, nous citerons avec beaucoup de respect sainte Thérèse que Charcot appelait « une femme de génie », mais enfin sa réputation eût été aussi déplorable que celle de la première possédée venue si, au lieu de raconter les visites que lui faisaient les habitants du ciel, elle eût dit avoir des rapports avec le diable et, pour ceux qui font de la soif de notoriété la cause des mensonges hystériques, nul plus que Thérèse ne semble avoir atteint son but. D'ailleurs, quoi qu'en ait dit son hagiographe, le R. P. Hahn, il est douteux qu'elle ait été simplement une hystérique extatique, une opinion toute récente admet dans son cas autant d'aliénation mentale que de névrose.

Hystériques étaient aussi sainte Angèle de Foligno, que le Christ aime et qu'il entretient longuement ; Catherine de Gênes qui rédige des notes sur son voyage en purgatoire et Catherine Emmerich qui voit se dérouler toute la Passion. Suivant le mot de Huysmans lui-même : « Les mystiques sont des anémo-nerveux, les extatiques des hystériques mal nourris » (1).

D'ailleurs, même au point de vue canonique, les visions, les extases, les luttes contre le diable sont tout à fait accessoires. Sainte Hildegarde dit notamment : « Grâce à Dieu, je n'ai jamais connu la faiblesse de l'extase ».

Si des mystiques nous passons aux sorcières, l'allure générale de leur état mental change moins que le résultat de leurs dires, elles cessent d'être inoffensives, au moins pour elles-mêmes. L'auto-accusation, privilège de certaines psychoses, est moins fréquente que l'hétéro-accusation dans l'hystérie ; pourtant elles portaient contre elles-mêmes la pire des accusations, ces

---

(1) Huysmans, *En Route*.

malheureuses qui déclaraient être allées au sabbat en ces siècles où la démonialité était le pire des crimes. Le talent d'observation, le souci de vérité, le soin scrupuleux à noter les moindres détails dont firent preuve les inquisiteurs et les juges du temps ne peuvent manquer de frapper un esprit impartial et ne lui laissent aucun doute sur la nature du mal dont étaient atteintes la pluralité des sorcières. L'interprétation des symptômes a changé, mais le tableau clinique laissé par Pierre de Lancre ou par Laubardemont nous permet à coup sûr de porter le diagnostic d'hystérie. Or ces hystériques trompaient leurs juges quand elles disaient être la cause de la grêle ou de l'incendie des récoltes, de la mort d'animaux, d'enfants ou de voisins; quand elles se vantaient d'avoir des rapports avec le diable.

Jeanne Herviller raconte (1) que lorsqu'elle eut atteint l'âge de douze ans, sa mère la présenta au diable « lequel coucha avec elle charnellement, en la même sorte et manière que font les hommes avec les femmes, hormis que la semence était froide ».

Une sorcière de Laon « condamnée à estre estranglée, puys bruslée, confessa que Sathan avait sa compagnie ordinairement et qu'elle sentait la semence froide ».

Jacques Sprenger et Paul Grillard, « qui ont fait le procès à une infinité de sorcières, déclarent que presque toutes avaient copulation charnelle avec le diable ».

Mais le vasselage de Sathan eut des effets encore plus sombres et les possédées ne se contentèrent pas toujours de s'accuser elles seules. En bien des cas, la tendance devient plus marquée et plus odieuse ; des malheureux paient de leur vie les divagations de malades bien définies, d'hystériques caractérisées. Nous allons citer les cas les plus typiques de pseudo-possession diabolique ayant abouti à de fausses accusations portées contre des innocents. Il est certain qu'elles ont tout l'air, ces soi-disant possédées, de poser pour la galerie ; elles ont l'air d'inventer des crimes dont elles sont les héroïnes pour attirer sur elles l'attention. Leur mensonge semble d'autant plus soigneusement

---

(1) Bodin, *Démonomanie des sorciers.*
Richard

2

combiné qu'il est collectif et, par conséquent, qu'il fait d'autant plus illusion. Elles n'ont reculé devant aucune des conséquences de leurs faux récits. On a pu les excuser, démontrer leur irresponsabilité, il n'en est pas moins vrai qu'elles inspirent peu de sympathie.

OBSERVATION I

Possession d'Aix.

Vers la fin de l'année 1603, les religieuses de Sainte-Ursule à Aix devinrent la proie des esprits déchus. Deux d'entre elles : Madeleine de Mandol, fille du sieur de la Pallud et Louise Capeau, d'origine roturière, accusèrent le prêtre Gauffridi de les avoir ensorcelées, le désignant comme le prêtre des magiciens d'Espagne, de France, d'Angleterre et de Turquie. Le procès, au milieu des péripéties les plus émouvantes, fut conduit par l'inquisiteur Michaëlis et jugé par le parlement de Provence. Il eut le bûcher pour dénouement. Le 30 avril 1611, Louis Gauffridi fut brûlé vif à Aix sur la place des Prêcheurs et ses cendres, non encore refroidies, lancées au vent.

Sur Madeleine de Mandol, on avait retrouvé les symptômes de la grande attaque avec les contorsions et les grands mouvements. Dans l'intervalle des attaques, elle avait de la contracture de l'œsophage, des troubles de la motilité, etc. Les hallucinations diaboliques et génésiques dont elle était atteinte furent le point de départ de l'accusation qu'elle porta contre Gauffridi.

OBSERVATION II

Possession de Loudun.

A Loudun, dès 1632, des signes de possession démoniaques apparaissent dans un couvent d'Ursulines. Un grand nombre de religieuses sont possédées ou maléficiées. La supérieure, Madame de Belciel, en religion sœur Jeanne des Anges, était possédée par sept démons; c'étaient : Asmodée, leur chef, Isaacaron et Balaam personnifiant la luxure; Béhémoth, la paresse; Léviathan, l'orgueil; Grésil et Aman de nature indéterminée. « Isaacaron, dit-elle, qui ne me donnoyt quasi pas de relasche, tiroit un grand avantage de mes laschetez pour me donner d'horribles tentations contre la chasteté. Il faisait une opération sur mon corps la plus furieuse et la plus estrange qu'on se puisse imaginer, ensuite il me persuada vivement que j'étois grosse d'enfant, en sorte que je le croïois fermement et j'en avais tous les signes qu'on en peut avoir. »

Malheureusement elle ne se borna point à raconter les entreprises d'Isaacaron sur sa personne et les apparitions de son bon ange revêtant la forme de François de Vendôme duc de Beaufort, mais elle prétendit de plus recevoir les visites nocturnes d'Urbain Grandier, elle l'accusa de l'avoir ensorcelée, d'être l'instigateur des incursions démoniaques dans son couvent, d'avoir jeté des sorts à ses religieuses. Grandier porta plainte en calomnie devant l'archevêque de Bordeaux, Charles de Sourdis; ce sage prélat calma les esprits et étouffa l'affaire. Mais à quelque temps de là, un émissaire du cardinal de Richelieu, Laubardemont, étant venu à Loudun, l'accusation fut renouvelée contre lui. Grandier, qui, peut-être, avait donné prise aux accusations par une vie peu réglée, fut déclaré coupabl d'adultère, de sacrilège, de magie, de maléfices et de possession et condamné à être brûlé vif après avoir été appliqué à la torture.

On a trouvé chez Mme de Belciel et ses religieuses les symptômes dé l'attaque et les stigmates hystériques, notamment les zones hystérogènes, qui étaient, pour elles, les endroits de leur corps où se localisaient les démons et les maléfices.

Il est à noter que beaucoup de religieuses se contredirent pendant le procès. D'ailleurs les juges semblent avoir obéi en condamnant Grandier, à des ordres secrets de Richelieu; les preuves qu'on donnait de sa culpabilité étaient souvent des plus futiles.

« Il est bien curieux, dit P. Richer (1), que les raisons qu'on invoque à l'appui de la sincérité des dépositions des religieuses contre Grandier sont justement les mêmes que notre malade Gen., invoque dans un but semblable.

---

(1) *Etudes cliniques sur la grande hystérie*, p. 817.

» La preuve, nous dit Gen., que les visites nocturnes de M. X...
sont bien réelles, c'est qu'aussitôt que je le vois dans la journée, je
deviens pâle et suis prise de tremblement. Tout le monde peut dire
l'émotion que sa seule vue me cause ».

Observation III

Possession de Louviers.

A Louviers, les premiers signes de la possession se déclarent en
1642 parmi les religieuses du monastère de Saint-Louis. Pendant six
ans, les possédées furent exorcisées dans le but de découvrir les sorciers, auteurs de la possession. Les démons désignèrent le Père
Picard, directeur spirituel de la communauté ; Thomas Bouillé, curé
au Mesnil-Jourdan et Madeleine Bavent, qui, tout en accusant les deux
prêtres, s'avoua coupable des plus grands crimes de démonialité. Le
procès eut pour conclusion le bûcher pour Bouillé, la prison perpé-
tuelle pour Madeleine Bavent.

Ce que l'on pourrait appeler les symptômes religieux de
l'hystérie sont loin d'avoir disparu à notre époque. Les exemples
en sont encore nombreux, nous pourrions notamment citer les
épidémies de possession de Morzines (1861), de Verzegnis
(Frioul, 1870), de Pleidran (1881), de Jaca (1881), et le cas
trop célèbre de Bernadette. Cependant il faut bien avouer que
l'hystérie s'est laïcisée, qu'elle a, en quelque sorte, cessé d'être
du ressort de la juridiction ecclésiastique pour devenir de droit
commun. Nous retrouvons d'ailleurs souvent les hystériques
devant les tribunaux soit comme accusées, soit comme accusatrices et souvent même comme fausses accusatrices.

Observation IV

Legrand du Saulle

Marie V..., 23 ans. Ayant eu de fréquentes attaques d'hystérie, de
somnambulisme, de visions ascétiques, vient tomber une après-midi,

dans un état apparent d'évanouissement, à quelques pas de la maison de son oncle et sur le bord d'un chemin très fréquenté. Elle a les mains attachées, elle est bâillonnée avec son propre mouchoir et porte sur le corps de nombreuses incisions régulières. Elle raconte qu'elle a été attaquée par quatre jeunes gens qui lui ont fait des propositions qu'elle a repoussées. Alors ils l'ont bâillonnée, lui ont lié les bras et ont inutilement tenté de la violer. De dépit, ils lui ont fait des incisions multiples sur la figure, les bras et la poitrine ; et, comme elle résistait, ils lui ont donné des coups de poing et des coups de pied.

L'instruction démontra que cette aventure avait été imaginée par la prétendue victime.

OBSERVATION V

LEGRAND DU SAULLE.

En 1873, Mlle A. de M..., 18 ans, dans un mémoire adressé au procureur général, déclare avoir été victime d'un grand nombre de viols commis sur sa personne par des prêtres et accuse sa cousine de l'avoir livrée à eux.

Les accusés comparurent en cour d'assises ; l'impossibilité matérielle des faits fut démontrée ; d'accusatrice Mlle de M... devint accusée. Les médecins Estor et Cavalier, de Montpellier, constatèrent des antécédents nerveux héréditaires, des troubles hystériques et la reconnurent vierge. Sur le rapport des experts, elle fut acquittée.

OBSERVATION VI

Affaire Sagrera.

Mme Sagrera, riche Espagnole, 40 ans, ayant eu des attaques d'hystérie convulsive, porte contre son mari, ses deux beaux-frères et trois médecins les plus criminelles accusations. Ces six hommes sont condamnés les uns à dix-huit, les autres à vingt ans de prison. La peine fut commuée en celle de l'exil.

Ch. Loiseau, Legrand du Saulle et Bierge de Boismont démontrent l'inanité des accusations et concluent à l'état de folie hystérique de l'accusatrice. Les condamnés furent graciés et réhabilités.

OBSERVATION VII

VIBERT

Il y a quelques années, une jeune fille qui se trouvait dans un train de chemin de fer de ceinture à Paris saute d'un wagon à une station, déclare qu'un homme vient de tenter de la violer et, n'y ayant pas réussi, l'a frappée d'un coup de couteau avant de s'enfuir; elle porte en effet une blessure à la poitrine. On recherche le coupable qui reste introuvable.

OBSERVATION VIII

VIBERT

X..., âgée de 28 ans, est domestique chez une dame Z. Un matin cette dame sort pour faire une course dans le voisinage en prévenant sa bonne qu'elle s'absente seulement pour une demi-heure. Elle rentre en effet au moment fixé, mais elle trouve la porte de son appartement ouverte et dans l'antichambre la bonne étendue à terre, bâillonnée, la figure et les mains ensanglantées. Cette fille raconte qu'en entrant dans la chambre à coucher, elle a trouvé un homme dont elle donne le signalement, occupé à fouiller dans l'armoire à glace; cet homme s'est jeté sur elle, l'a terrassée, bâillonnée, puis a disparu.

Dès le premier abord, quelques circonstances ont fait suspecter l'exactitude de ce récit. C'est ainsi que si la fille X. saignait du nez et si elle avait à la main une dizaine de profondes égratignures, le linge qui bâillonnait la prétendue victime ne tenait dans la bouche que parce qu'il était serré avec les dents; il n'était pas attaché et ne portait pas de traces de nœud.

En outre, le commissaire de police avait remarqué que le désordre qui régnait dans la chambre à coucher était assez régulier; tous les sièges sans exception et tous les meubles maniables étaient renversés la tête en bas, mais en conservant à peu près leurs places respectives. D'ailleurs il fut bientôt prouvé qu'un malfaiteur n'avait pu pénétrer dans l'appartement, la concierge avait nettoyé l'escalier dans la partie située au-dessous du logement de cette dame et elle n'avait vu passer aucune personne inconnue.

Vers la fin de la journée et comprenant la portée des objections qui lui était faites, elle déclara que la scène qu'elle avait décrite n'avait pas dû se produire et qu'elle ne s'en souvenait pas.

OBSERVATION VII

Affaire de la Roncière.

En 1834, le général baron de M..., commandant en chef de l'école de Saumur, habitait cette ville avec sa famille composée de sa femme encore jeune et belle et de deux enfants : un garçon et une fille âgée de 16 ans, Marie.

Parmi les officiers de l'école qui assistaient aux réceptions de l'hôtel de M..., se trouvait un lieutenant de lanciers, âgé de 30 ans, Emile-Clément de la Roncière, fils d'un lieutenant général et que des incartades de jeunesse avaient brouillé avec sa famille. Marie de M... se plaignit un jour à ses parents que le jeune lieutenant, placé à côté d'elle à dîner, lui eût tenu des propos inconvenants. Depuis déjà quelque temps une pluie de lettres anonymes tombait dans l'hôtel ; on en trouvait dans tous les coins, il en arrivait par la poste... Les unes contenaient des déclarations d'amour pour Mme de M..., les autres des outrages ou des menaces pour sa fille. Bientôt il en vint de signées avec des initiales si transparentes (E. de la R.) que Mme de M... avertit son mari.

Le lieutenant de la Roncière s'étant présenté à une soirée de l'hôtel de M... fut sommé par le général de n'y plus revenir.

« Deux jours après, le 3 septembre 1834, il était environ deux heures du matin, la jeune fille était depuis longtemps endormie, quand, tout à coup, un bruit de ,vitres qui se brisent vint l'éveiller. Ecartant ses rideaux, elle voit à la clarté de la lune un bras passer par le carreau cassé et lever la poignée de l'espagnolette de sa fenêtre, puis un homme pénétrer dans sa chambre et se diriger rapidement vers la porte communiquant avec la chambre de sa gouvernante.

» A cette vue, par un mouvement prompt comme la pensée, Marie se précipite à bas de son lit et cherche à se faire un rempart d'une chaise derrière laquelle elle se place. Elle peut alors examiner l'homme qui vient de s'introduire chez elle. Il est de taille ordinaire, vêtu d'une capote de drap, coiffé d'un bonnet de police en drap rouge et qui paraît à la jeune fille avoir pour ornement un galon d'argent. Autour du col, il a une vaste cravate noire qui cache les oreilles.

» L'homme la couvrant d'un regard effrayant, lui dit : Je vais ou je viens me venger. En même temps, il se jette sur elle et lui arrache violemment la chaise à laquelle elle se cramponnait convulsivement. Alors il saisit la jeune fille par les épaules, la terrasse et lui arrache sa camisolede nuit, puis lui passe un mouchoir autour du cou et la serre de manière à ne laisser à sa victime que la faculté de pousser de faibles gémissements ; ensuite il lui étreint le corps dans une corde, et il met ses pieds sur les jambes de la malheureuse enfant.

» Quand il l'a ainsi garottée, il se penche sur elle et lui porte des coups violents sur la poitrine et sur les bras ; il la mord au poignet droit. Et tout en frappant et en mordant, il dit qu'il veut se venger de ce qui lui est arrivé chez M. de M... deux jours anparavant. A mesure qu'il parle, son exaspération va croissant, et il redouble ses coups : « Depuis que je vous connais, poursuit-il, y a quelque chose en vous qui m'a donné le désir de vous faire du mal ».

» A ces mots, la rage du forcené ne connaît plus de bornes. Il saisit un instrument que la jeune fille ne peut voir, mais qu'elle croit être un couteau, et lui en porte deux coups sur les jambes ; d'autres coups sur le corps occasionnent des contusions graves. Jusque-là, le saisissement a laissé Mlle de M... sans voix ; l'excès de la douleur lui rendant des forces, elle pousse des cris qui parviennent aux oreilles de sa gouvernante.

» Jusque là, la gouvernante n'avait rien entendu, si ce n'est les gémissements que pousse habituellement l'hystérique en proie à ses hallucinations et celles-ci étaient assez intenses pour que la malheureuse, s'habillant à la suite de cette scène, vit nettement son agresseur imaginaire se promener en la narguant sur le pont qui faisait face à sa chambre » (1).

Il est à noter que deux jours après ses blessures, Marie de M... dansait dans un bal. Elle ne montra point même à sa mère les plaies dont elle se disait atteinte et, trois mois après, un médecin commis par la justice ne put constater qu'une cicatrice à peine visible.

Cependant la famille de M... continue à recevoir des lettres signées E. de la Ronc., dans lesquelles le signataire se vante de son crime dans les termes les plus odieux. Marie sort un jour de son cabinet de toilette, tenant un billet anonyme plein de menaces pour les siens ; elle tombe en proie à des spasmes nerveux effrayants ; elle a des hallucinations : « Homme rouge !... Le papier !... On assassine mon père et ma mère !... »

Dès lors le parquet est saisi de l'affaire, de la Roncière est emprisonné et traduit devant la cour d'assises. Son défenseur, Chaix d'Est-Ange, dans une plaidoirie qui peut être considérée comme un modèle de sagacité médico-légale, s'attacha à faire ressortir les invraisemblances, les contradictions et les impossibilités matérielles contenues dans le récit de l'attentat tel que le faisait la victime. Les lettres anonymes, écrites sur un papier identique à celui sur lequel Marie faisait ses devoirs et très rare dans le commerce, étaient reconnues par quatre experts comme n'émanant évidemment pas de l'accusé et présentant, au contraire, malgré quelques déguisements, de nombreux rapports de similitude avec l'écriture de Mlle de M...

Portant la question sur son véritable terrain, Chaix d'Est-Ange, par une prescience fort remarquable à cette époque où la pathologie nerveuse était encore mal connue, conclut que les lettres anonymes ont été l'œuvre de Marie de M... et qu'il n'y a pas eu d'attentat, sinon dans l'imagination d'une jeune fille peut-être hallucinée, en proie, en tout cas, à une névrose, étrange sans doute, mais certaine.

Le jury, subissant la pression de l'opinion publique prévenue contre de la Roncière, le déclara coupable de tentative de viol et de blessu-

---

(1) *Recueil des causes célèbres.*

res volontaires avec circonstances atténuantes. La cour le condamna à dix ans de réclusion. Il subit sa peine en entier et ne fut réhabilité qu'en 1849.

Il a été, depuis, nettement démontré que dans la nuit du 23 septembre 1834, l'accusé se trouvait auprès d'une autre femme, mariée, celle-là. Pour ne pas la trahir, il ne donna pas d'alibi.

Nous pourrions continuer notre énumération, car les plus fausses accusations provenant du fait de l'hystérie ne sont pas moins fréquentes de nos jours, mais des erreurs semblables à celles que nous avons citées risquent moins de se produire de nos jours. Les magistrats ne manquent jamais de requérir les lumières de la science et celle-ci, dégageant peu à peu la vérité scientifique du chaos des faits, peut, sans trop de chances d'erreur, apprécier les symptômes mentaux des névroses et des dégénérescences.

CHAPITRE II

De tous les faits que nous avons cités, de beaucoup d'autres épars dans la littérature médicale, nous pouvons tirer une conclusion. La femme hystérique est invinciblement portée à nous tromper. Méfions-nous des histoires qu'elle raconte, des maux dont elle souffre, des accusations qu'elle porte : tout cela peut être faux.

Mais de ce qu'elle parle contre la vérité, devons-nous, avec Hachard et Legrand du Saulle, conclure au mensonge, affirmation comme vraie d'une chose que l'on sait pertinemment être fausse, avec *l'intention de tromper ?*

Charcot, Gilles de la Tourette, Pitres, ont violemment attaqué cette opinion ; ils ont montré que, bien souvent, lorsqu'on l'accusait de *nous* tromper, l'hystérique, à vrai dire, *se* trompait, affirmant comme vraie une chose fausse, qu'elle croyait sincèrement être vraie.

Les grands traits du caractère hystérique ont été longtemps confondus avec les symptômes de la dégénérescence mentale ; mais bien dégagés et nettement posés, ils permettent l'étude des principaux phénomènes psychiques de cette névrose et donnent, en bien des cas, la clef des prétendus mensonges hystériques.

L'état mental des hystériques « se résume en un mot gros de conséquences : la suggestibilité » (1). Les suggestions, d'ailleurs, peuvent venir du dehors, être extrinsèques ; elles peuvent aussi être intrinsèques et constituer l'auto-suggestion.

---

(1) Gilles de la Tourette, *Traité clinique et thérapeutique de l'hystérie*, I.

Or, en fait de suggestibilité, le phénomène paroxystique, l'attaque hystérique, joue un rôle prépondérant. Au seuil de ce chapitre, nous allons donc, pour mémoire, condenser dans un tableau emprunté à Grasset (1) les principaux phénomènes de l'attaque.

Période prémonitoire. {	Prodomes . . . Aura hysterica. {	Troubles psychiques et hallucinations. Troubles des fonctions organiques. Troubles de la motilité. Troubles de la sensibilité.
Première période (Période épileptoïde).	Phase du début { Avec mouvement. Phase tonique. { Avec immobilité tétanique. Phase clonique. Phase de la résolution musculaire.	
Deuxième période (Période des contorsions et des grands mouvements. Clownisme).	Phase des contorsions et des attitudes illogiques.	
Troisième période . .	Période des attitudes passionnelles ou des poses plastiques.	
Quatrième période. .	Période de prolongation ; période de délire (délire, hallucinations, zoopsie, troubles du mouvement).	

1. *Période prodromique.* — Ainsi que l'ont bien fait voir P. Richer, Bourneville et Regnard, l'attaque ne commence pas seulement avec les convulsions. La période prodromique peut durer un, deux, trois jours et plus. Avant qu'apparaissent les aura proprement dites, elle est constituée par des phénomènes très variés, symptômes gastriques, intestinaux, etc., mais les plus intéressants appartiennent à la sphère psychique ou intellectuelle.

Le caractère des malades se modifie ; les unes sont excitées, insupportables, elles ont leurs nerfs ; les autres, au contraire, sont abattues, déprimées. C'est pendant cette période que le

---

(1) Grasset, art. *Hystérie* du Dictionnaire encycl. des sciences médicales.

sommeil des hystériques est le plus troublé par les rêves et les cauchemars sur lesquels nous reviendrons.

Ce qu'il est important de savoir, c'est que l'attaque peut avorter et que les phénomènes mentaux peuvent seuls la constituer ; ils en forment alors en quelque sorte l'*équivalent psychique* (1). Donc tous ces prodromes, bien que n'étant pas, à proprement parler, constitutifs de l'état mental des hystériques, peuvent — et cela est particulièrement fréquent chez les enfants — par leur succession créer une sorte d'état permanent d'état de mal psychique.

Il est facile de s'imaginer l'atteinte portée par de tels accidents aux facultés intellectuelles déjà en état de moindre résistance des hystériques. La versatilité d'humeur, le manque de suite dans les idées s'exagèrent du fait de cet état particulier, le jugement devient incapable de discerner ce qui est vrai de ce qui ne l'est pas, le réel du rêvé, et voilà l'erreur constituée que beaucoup jugeront mensonge, étant donné la mobilité de caractère que d'aucuns appellent « fausseté de caractère ».

II. *Période des attitudes passionnelles.* — Réellement les phénomènes mentaux qui dominent cette période commencent avec la précédente, la première période, en effet, est la seule où les malades perdent connaissance et dont ils ne se souviennent pas au réveil.

Les attitudes passionnelles, les poses plastiques répondent à des hallucinations des divers sens ou à des actes mentaux purs ; on peut, chez une malade, suivre, grâce à ces attitudes, le rêve qui domine son attaque et dont elle fait assez facilement le récit au réveil ; le rêve se rattache, d'ailleurs, par quelque point, à la vie antérieure de l'hystérique, il se rapporte aux événements les plus en relief de sa vie, à ses préoccupations de tous les jours. Mais les actes psychiques ont alors une activité extrême ; le paroxysme de l'hystérie porte au suprême degré les qualités naturelles des malades. Le rêve de l'attaque peut revêtir assez d'intensité et être assez persistant lors du retour à l'état ordinaire pour que le sujet lui-même puisse raconter ou transcrire

---

(1) Gilles de la Tourette, *op. cit.*

les impressions qu'il a éprouvées. Sainte Thérèse, dont les attaques développaient encore le merveilleux esprit d'analyse, se souvenait même de l'attitude cataleptique que l'hallucination avait déterminée. « Tant que le corps est dans le ravissement, il reste comme mort et souvent dans une impuissance absolue d'agir. Il conserve l'attitude où il a été surpris. »

Les hallucinations impressionnent si vivement l'esprit qu'à leur réveil les malades sont encore sous leur empire et que l'on en a vu se lever, ouvrir la fenêtre et chasser le chat imaginaire qui les avait terrifiés.

Il n'est pas rare même de voir les rêves de l'attaque laisser à leur suite des troubles physiques : une paraplégie si le malade a cru tomber dans un précipice, des ecchymoses s'il a rêvé qu'on le frappait. Dans les épidémies de possession que nous avons relatées, l'on retrouve de nombreux faits de cette sorte. Le diable ne se borne pas à des apparitions; dans le rêve des possédées, il est souvent acteur : il les agite violemment, les frappe et les roue de coups et les malheureuses montraient aux assistants émerveillés, comme des signes de possession, les marques de ces prétendues violences.

Il n'y a donc rien d'étonnant que les hallucinations donnent au sortir de l'attaque l'illusion du fait accompli et que les malades en fassent le récit comme d'une chose s'étant passée réellement. Il est d'observation commune aujourd'hui qu'une hystérique, couchée dans une salle d'hôpital où elle ne peut se cacher aux regards des autres malades et du personnel de la salle, repousse dans son rêve tel ou tel qui veut la violer. Comme la malade de P. Richer (1), elle crie : « Au secours, au secours!... ah! vous ne m'aurez pas ». Par ses paroles et ses poses suppliantes, elle tâche de toucher le misérable. Les attitudes passionnelles se poursuivent saisissantes jusqu'à la consommation de l'acte après lequel elle se redresse furieuse, montrant le poing... et une fois revenue à l'état normal, elle accuse M. X... ou M. Y... d'avoir abusé d'elle.

---

(1) Richer, *loc. cit.*

Madeleine de la Palud, Mme de Beluel, Loyse Capel et l'héroïne de l'affaire de la Roncière étaient manifestement des hystériques; elles avaient de l'hystérie et les stigmates et les paroxysmes, par conséquent à la troisième période de leurs attaques elles étaient en proie à des hallucinations qu'à leur réveil elles prenaient, comme tant d'autres, pour la réalité. Ces hallucinations, elles les ont racontées comme les malades de nos salles racontent les leurs; la parité est bien grande au fond entre les accusations portées par ces héroïnes des grands procès du temps passé et la plainte qu'adresse aujourd'hui au chef de service contre tel étudiant une hystérique en traitement à l'hôpital. C'est le rêve, en somme, qui, l'attaque finie, a poussé sœur Jeanne des Anges à accuser Grandier; Madeleine de la Palud à dénoncer Gauffridi, et Loyse Capel à faire monter sur le bûcher la malheureuse Honorée.

Les caractères de ces hallucinations ont été bien mis en lumière par Charcot. La vision n'est pas immobile; elle se déplace dans un certain sens et dans une direction qui est toujours la même : « Les chats, les rats, etc. courent en passant devant la malade de gauche à droite ou de droite à gauche, suivant que l'hémianesthésie siège à gauche ou à droite. Le point de départ de l'hallucination est toujours du côté anesthésié. Mais le plus souvent le fantôme passe aux côtés de la malade, il vient de derrière elle pour s'évanouir en avant et cela du côté insensible ».

Sainte Thérèse avait le plus souvent ses hallucinations du côté gauche; l'ange gardien de sœur Jeanne des Anges lui apparaissait du côté droit, et la malade de M. Pitres voit l'externe qu'elle accuse de se livrer sur elle à des attentats à la pudeur pénétrer dans la salle par la fenêtre située à gauche de son lit.

III. *Période de délire.* — Cette période est une véritable prolongation de la précédente; mais le sujet du rêve varie. C'est la phase des apparitions terrifiantes, de la zoopsie. Les malades voient des chats, des rats, des animaux effrayants. Madeleine Bavent voyait le diable et le décrivait après l'attaque comme un

petit cerf volant fort noir ou comme un chat prenant la posture
« la plus lascive qui se puisse imaginer ». Comme les visions de
la deuxième période, celles-ci laissent des traces, des ecchymoses nombreuses, et laissent Madeleine « toute meurtrie et
livide et plombée ».

Cauchemars et rêves. — Nous avons maintenant à parler des
cauchemars et des rêves survenant pendant le sommeil naturel
des hystériques, véritables hallucinations nocturnes présentant
une grande analogie avec les hallucinations de l'attaque, mais
plus fréquentes.

La nuit, dit déjà Sydenham, devient, pour les malades dont
nous parlons comme pour les superstitieux, une occasion de
mille chagrins et de mille craintes, à cause des rêves qu'ils font
et qui roulent ordinairement sur des morts et sur des revenants.

Nous ne pouvons mieux faire, pour dépeindre le sommeil
troublé des hystériques, que de citer le remarquable passage que
Bourneville et Regnard lui ont consacré (1) :

« Avant de s'endormir tout à fait, les hystériques s'assoupis-
» sent et se réveillent en sursaut à plusieurs reprises ; elles ont
» des secousses, des sensations de fourmillement, des impatien-
» ces, principalement dans la moitié du corps qui est insensible.
» Dans cette période intermédiaire à la veille et au sommeil,
» elles ont quelquefois des hallucinations, s'imaginent qu'on
» leur cause, croient voir des personnes, des têtes bizarres,
» etc., autour de leur lit.

» Lorsque le sommeil est arrivé, il se produit toujours des
» rêves nombreux et que l'on peut classer en rêves pénibles ou
» cauchemars, en rêves agréables et en rêves indifférents ; ces
» derniers portent sur les petits incidents du jour, les autres sur
» les événements de leur existence qui ont le plus vivement
» frappé leur imagination.

» Une fois éveillés dans le cours de la nuit, les malades se
» rendorment difficilement, alors elles retombent quelquefois
» dans leurs rêves, ou bien de ce moment au lever, elles se plai-

---

(1) Icon. phot. de la Salpêtrière.

» gnent fréquemment et sont encore plus agitées que dans leur
» premier sommeil ».

Que seront ces rêves? De nature bien semblable à ceux de
l'attaque : généralement érotiques, mobiles à l'excès, très objectivés cependant.Mais ces caractères les différencient-ils beaucoup des rêves du sujet sain ?

Tous nous rêvons, surtout de ce qui fait l'objet de nos préoccupations. Les rêves hystériques sont souvent érotiques, mais
qui peut dire ne jamais avoir eu de rêves érotiques, surtout à
l'âge où l'instinct sexuel domine en notre être tous les autres
instincts ? Les rêves des hystériques comme ceux des sujets
sains ne sont pas à proprement parler des inventions de leur
esprit, ils ont un point de départ véritable dans un fait de leur
vie qui les a fortement impressionnées. Que l'on recherche le
nombre de rêves érotiques issus d'un caprice passé ou même de
la dégustation d'un feuilleton sentimental tant chez les jeunes
filles hystériques que chez les autres.

Les rêves hystériques sont mobiles : mais la mobilité est le
propre du rêve.

Ils sont assez fortement objectivés pour paraître avoir un
caractère réel, une matérialité indubitable (1); mais les rêves se
rapprochent pour nous plus ou moins de la vérité, selon que
l'attention et le jugement sont en éveil ou que l'imagination
domine. Chez les hystériques, la diminution très grande de l'attention et du jugement, de même qu'elle permet aux images
fictives de se former plus facilement, favorise aussi leur déve-
loppement.

Il n'y a donc, sous ces rapports, qu'une différence de degré
entre le rêve du sujet normal et le songe de l'hystérique. Mais
le vrai caractère du rêve des hystériques, c'est son influence
longtemps persistante après le réveil. Chez elles, l'absence du
contrôle intellectuel permet au rêve de s'imposer et celui-ci
devient une véritable suggestion ; elles passent leur temps à le
revivre, leur état mental de toute la journée dépend de lui. La

---

(1) Pitres, *Leçons cliniques de l'hystérie.*

nuit suivante, le rêve est autre ; le lendemain l'hystérique est toute changée, son caractère est entièrement modifié ; ses idées sont opposées à celles qu'elle avait la veille, elle se contredit elle-même sans souci de la contradiction, comme ces personnes dont on ne sait jamais ce qu'elles pensent, qui un jour disent d'une façon et le lendemain d'une autre.

Le sujet sain se souvient au réveil de beaucoup de ses rêves ; certaines personnes se les rappellent mieux que d'autres ; le souvenir est quelquefois tel qu'on peut, un certain temps, se demander si, oui ou non, il s'agit d'un rêve. Mais rapidement, après quelques hésitations, on tranche la question et l'on classe en dehors du monde réel ce rêve qui avait tendance à s'imposer comme une réalité. Pour l'hystérique, les hallucinations nocturnes comme celles de l'attaque laissent au contraire l'illusion du fait accompli, la malade les subit avec l'intensité d'une chose réelle et les raconte avec une précision et une vivacité de termes étonnantes. Elle en est tellement impressionnée, elle les revit à un tel point qu'elle arrive à se suggestionner elle-même, le rêve devient une réalité. Même si, un instant, elle a eu encore une lueur de jugement lui permettant de séparer les images du sommeil des actes de l'état de veille, elle n'a pas tardé à les confondre et la voilà racontant des faits qui ne se sont passés que dans son imagination. Elle a rêvé que tel homme l'a violée, elle accuse cet homme ; pendant la troisième période de son attaque, elle reste en extase voyant le Christ ou son ange gardien, entendant la voix des saints et elle est persuadée de la mission que le Ciel lui a confiée ; dans le délire du paroxysme, elle a de la zoopsie et elle raconte qu'effectivement des animaux se sont jetés sur elle et Madeleine Bavent croit voir le diable dans le petit cerf volant noir qui lui apparaît. Elle rêve qu'elle tombe du haut d'un escalier et qu'elle se brise les jambes, et elle y croit si bien qu'elle a une paraplégie que beaucoup peuvent croire simulée.

En somme, toutes sont des malades pour qui leurs hallucinations de l'attaque ou leurs rêves nocturnes sont devenus partie intégrante de leur moi et cela à un tel point qu'ils s'imposent à leur mémoire comme les autres actes de leur vie réelle ; elles les racontent *sincèrement* comme elles racontent les choses qui ont réellement eu lieu. On ne peut les accuser de mensonge car elles sont tout à fait de bonne foi, elles ont parlé contre la vérité, mais selon leur conscience, selon leur jugement qui malheureusement est faux. Elles se sont trompées et la faute des erreurs judiciaires qu'elles ont fait commettre revient plutôt à ceux qui n'ont pas su reconnaître en elle des malades qui se trompaient et dont les fausses accusations et les contradictions n'étaient que des erreurs. On s'est trompé à leur suite plus qu'on n'a été trompé par elles, car souvent ce qui les a caractérisées, c'est une grande sincérité et cette sincérité a eu sa récompense bien des fois tardive en ce qu'elle a permis de reconstituer toute leur observation clinique, de porter le diagnostic véritable de leur maladie, de reconnaître leur innocence ou du moins leur irresponsabilité et d'obtenir ainsi leur réhabilitation... trop souvent hélas ! post mortem.

CHAPITRE III

L'hystérique n'est pas seulement accessible aux suggestions émanées d'elle-même ; elle accepte encore celles qui lui viennent d'autrui. Les troubles de sa mentalité et particulièrement son plus ou moins d'aboulie en font une proie facile pour toute volonté qui songe à se l'approprier.

Elle fuit tout effort, elle a la paresse de penser par elle-même ; aussi, dès l'abord, accepte-t-elle les idées toutes faites, elle ne demande qu'à croire pour n'avoir pas la peine d'élaborer un acte intellectuel aussi peu compliqué qu'il soit. Pierre Janet s'est attaché à démontrer cette extrême crédulité : « Lorsqu'on » raconte, dit-il, des histoires au lieu de les leur faire raconter, » elles y croient tout autant...

» Lucie, en passant dans la rue, a entendu dire quelques » mots sur une personne de sa connaissance. Le propos, tel » qu'elle me le raconte, est absurde et n'avait probablement » pas été dit de la même manière ; elle en resta cependant com-» plètement convaincue » (1).

D'ailleurs la distraction exagérée de l'hystérique permet facilement l'effraction de sa personnalité.

En somme, c'est à sa faiblesse psychique qu'est due sa suggestibilité. La névrose agit comme n'importe quelle passion pour créer un état de moindre résistance, car si, pour suggestionner l'hystérique, on abuse de sa crédulité, on peut suggestionner un avare en abusant de son avarice, un alcoolique en

---

(1) P. Janet, *État mental des hystériques*, 1ᵉʳ vol.

abusant de sa passion, un ambitieux en abusant de son ambition même.

Si de l'état de veille nous passons à l'état de sommeil, la suggestibilité devient encore plus marquée : témoin le cas cité par Bernheim (1) : « Nous disions à notre malade à voix basse : « Voici votre père », puis aussitôt après à voix haute : « Tu viendras à la maison ce soir, il y aura des amis, ta mère a préparé un bon dîner ». Réveillée, la malade s'étonne : « Tiens, dit-elle, je croyais que mon père était là, qu'il m'invitait à dîner ».

Enfin dans l'état de sommeil hypnotique, l'hystérique est suggestionnable au point que l'on peut se demander si elle n'est pas apte, en cet état, à recevoir toutes les suggestions. C'est de la suggestion post-hypnotique à plus ou moins longue échéance. qu'au point de vue médico-légal, l'importance est le plus considérable. Il est, en effet, d'observation banale qu'un sujet hypnotisé accepte la suggestion de tel acte de la vie courante qu'on lui commande d'accomplir à son réveil. Il obéira encore probablement à la suggestion d'une plaisanterie ou d'un mensonge sans conséquence ; mais obéira-t-il à la suggestion d'un crime ou d'une fausse accusation grave ?

C'est là le problème du *crime hystérique* posé nettement en 1890 lors du procès Eyraud et Gabrielle Bompard. Les débats donnèrent alors entière raison aux idées de Charcot éminemment résumées par Quesney de Beaurepaire dans son réquisitoire (2).

« Le docteur Charcot a établi, par des expériences hors de » toute contestation possible, que, même dans l'hypnose, si la » volonté est enchaînée, elle n'est pas abolie. La conscience, » plus forte que tous les procédés de l'homme, parle toujours » au fond de l'âme, comme une voie divine ; et, si l'acte com- » mandé répugne à l'idée de l'être suggestionné, il s'y refuse et, » au lieu de l'exécuter, il tombe épuisé dans une violente atta- » que de nerfs.

---

(1) Bernheim, *Progrès médical,* 17 août 1889.
(2) Bataille, *Causes criminelles et mondaines,* année 1890.

» On a vu, à la Salpêtrière, des femmes hypnotisées se refuser
» à des actes contraires à la pudeur, des sujets nés honnêtes
» repousser avec horreur l'idée de commettre un vol. Tel est
» le dernier mot de la science ; elle nous rassure, elle nous dé-
» montre qu'il n'est pas possible de lancer un hypnotisé sur
» un crime comme on lance un chien sur une piste, et d'ail-
» leurs le docteur Brouardel vous l'a dit, il n'existe pas un seul
» exemple de crime commis sous l'influence de la suggestion.
» Ce que l'on a appelé « le crime de laboratoire » suppose des
» actes simples, immédiats, un contact permanent entre l'opé-
» rateur et un malade longtemps entraîné ».

L'opinion du monde savant sur ce sujet a peu varié. Pour
Janet, l'hystérique admet la suggestion, mais elle donne son
consentement ; elle accepte l'idée suggérée, mais souvent elle
sait qu'elle est suggérée. « Je veux bien, dit Justine, mais je
vous préviens que, cette fois, ça n'a pas pris ».

Plus souvent encore la conscience de la suggestion est in-
complète : « Lucie, dit Janet, à qui je donne une suggestion
qu'elle ignore, s'arrête en disant : c'est drôle comme j'ai envie
de faire cela, et c'est pourtant si bête ». Sentant un acte qui
s'ébauche, elle l'interprète comme un désir.

Mais le désir, mobile de la volonté, ne peut pas être identifié
avec elle. Si fort qu'il soit, si faible que soit le caractère de celui
qui l'éprouve, la révolte est encore permise. Si bas que soit la
psychicité d'un être humain, il peut encore trouver en lui assez
d'énergie pour rejeter une impulsion mauvaise.

L'hypnotisé peut se débattre contre la volonté de l'hypnoti-
sant, la rejeter, ou, du moins, ruser pour s'y soustraire. Il est
certain qu'on décide bien un sujet à frapper avec un couteau à
papier un fauteuil qu'on lui dit être telle personne, mais n'y a-
t-il pas lieu de croire qu'il n'accepte la suggestion que parce
qu'il se rend compte qu'il frappe un objet inanimé avec une
arme inoffensive ? Quel est l'expérimentateur qui a, dans son
laboratoire, suggéré à un malade de frapper une personne
réelle avec une arme effective, en le laissant sûr qu'il ne sera
pas arrêté ?

Cependant nous croyons pouvoir admettre la possibilité d'actes délictueux ou criminels commis sous l'influence d'une suggestion faite tant à l'état de sommeil qu'à l'état de veille, mais revêtant ce caractère d'être une suggestion de tous les jours, longtemps persistante et émanant d'une personne ayant sur la personne qui les commet une influence marquée. Au point de vue qui nous occupe, une étude approfondie de bien des cas de chantage pourrait donner d'utiles renseignements. Malheureusement le temps restreint dont nous avons disposé, aussi bien que les limites de notre travail ne nous ont pas permis d'approfondir cette importante question, et nous nous bornerons à citer le fait suivant que nous empruntons à Gilles de la Tourette (1).

OBSERVATION VIII

G..., hystérique confirmée, sujette à des attaques dans lesquelles les phénomènes léthargiques ne duraient pas moins de trois à quatre heures, accusait le sieur T... de l'avoir violée pendant une de ses crises. Or il résulte des dépositions que G... était depuis longtemps la maîtresse avérée du sieur T... et que celui-ci n'avait nullement besoin de profiter d'une de ses attaques de léthargie, parfaitement réelles d'ailleurs, pour obtenir ses faveurs. Suggérée par sa mère, qui avait un grand ascendant sur elle et auquel ce sieur T... avait réclamé une somme d'argent qu'il lui avait prêtée, G... s'était faite accusatrice. Les faits étaient si bien présentés, grâce à la possibilité même de la perpétration du crime pendant le sommeil léthargique, que le parquet n'hésita pas à poursuivre. A l'audience, le ministère public abandonna l'accusation.

(1) L'hypnotisme et les états analogues.

CHAPITRE IV

Les troubles de la conscience et de la mémoire dans l'hystérie sont connus depuis longtemps. On avait noté les phénomènes de double conscience et de dédoublement de la personnalité, le jeu de l'automatisme supérieur hors du contrôle de la conscience, la distraction, les altérations de la conscience, les amnésies temporaires, périodiques, postéro-antérogrades, etc.

Mais dans les ouvrages de ces derniers temps, les troubles de la conscience ont pris dans le cadre nosologique de l'hystérie une place prépondérante, et c'est grâce à eux qu'on a cherché à expliquer non seulement les symptômes psychiques de la névrose, mais encore les symptômes physiques.

La sensation perçue, nous le savons, contient deux phénomènes : d'abord l'impression venue du dehors jusqu'aux cellules de l'écorce cérébrale, la sensation élémentaire, puis l'assimilation, la perception personnelle par la conscience.

Pour M. Pierre Janet, qui s'est fait le protagoniste de la théorie nouvelle, l'hystérie est caractérisée par un rétrécissement permanent du champ de la conscience, altération psychologique rendant le mieux compte de la plupart des stigmates de l'hystérie. En effet, par suite de ce rétrécissement du champ de la conscience, un grand nombre de sensations et d'images restent isolées dans le domaine de la subconscience, elles ne sont pas assimilées à la personnalité du sujet; mais ces sensations et ces images persistent dans son esprit : les sensations inconscientes, au lieu de rester isolées les unes des autres, sans lien aucun entre elles, peuvent s'organiser, créer pour ainsi dire une seconde personnalité tout à fait indépendante de la première : la seconde saura ce que la première ignore et réciproquement.

Résumant sa conception de l'hystérique, le même auteur dit encore (1) : « L'hystérie est une maladie mentale appartenant » au groupe considérable des maladies de dégénérescence.

» Elle est surtout caractérisée par des symptômes moraux, le » principal est un affaiblissement de la faculté de synthèse » psychologique, un rétrécissement du champ de conscience : » un certain nombre de phénomènes élémentaires, sensations et » images, cessent d'être perçus et paraissent supprimés de la » perception personnelle ce qui constitue les stigmates; il en » résulte une tendance à la division permanente et complète de » la personnalité, à la formation de plusieurs groupes de phé- » nomènes indépendants les uns des autres; ces systèmes de » faits alternent les uns à la suite des autres ou coexistent, ce » qui donne naissance aux attaques, au somnambulisme, aux » actes inconscients; enfin le défaut de synthèse favorise la for- » mation de certaines idées parasites qui se développent com- » plètement et indépendamment à l'abri du contrôle de la » conscience personnelle et qui se manifestent par les troubles » les plus variés, d'apparence uniquement physique, c'est-à- » dire par des accidents. Si on veut résumer en deux mots cette » définition un peu complexe, on dira : l'hystérie est une forme » de la désagrégation mentale, caractérisée par la tendance au » dédoublement permanent et complet de la personnalité ».

Ce qui saute aux yeux dans cette dernière définition, c'est qu'on y retrouve surtout le fait nettement démontré du dédoublement de la personnalité et que le rétrécissement du champ de la conscience y tient une place bien secondaire. L'on ne doit pas trop ergoter sur les mots, mais il est des licences de terminologie qui sont à éviter. A vrai dire, la conscience n'a pas d'étendue, elle ne peut être élargie, ni rétrécie; l'expression « rétrécissement du champ de la conscience », situe dans l'es-

---

(1) P. Janet, *Archives de neurologie,* 1893.

pace ce qui est dans le temps, et nous trouvons périlleuse cette
façon de procéder, véritable source de confusion. Il suffit, pour
se rendre compte du danger de ces sortes de métaphores, de lire
les ouvrages des auteurs procédant directement de Pierre Janet
et contre lesquels protesta si fort Gilles de la Tourette :

« Il faut avoir le courage de le dire, écrit-il : dans ces derniè-
» res années, un certain nombre d'auteurs, professeurs de philo-
» sophie ou autres, ont cherché dans l'hystérie la plateforme de
» l'évolution psycho-physiologique de leurs théories philoso-
» phiques.

» En les voyant hôtes assidus des services d'hôpital, on eût
» pu penser qu'ils éclairaient leurs doctrines, en rajeunissant le
» dogmatisme et les conceptions artificielles aux données que
» leur fournissait l'état mental des hystériques. Erreur pro-
» fonde ! C'est l'hystérie qu'ils disséquaient à l'aide de la ratio-
» cination philosophique, ce qui est l'inverse de la méthode
» expérimentale qu'ils avaient, nous le pensons du moins, l'in-
» tention d'appliquer, pour une fois, à leurs recherches habi-
» tuelles de spéculation pure.

» De ce fait, ils ont créé de toutes pièces une physiologie de
» l'hystérie à laquelle ils ont donné, entre autres choses, pour
» caractéristique ce rétrécissement du champ de la conscience
» dont tous les termes sont à élucider. Ils ont alors échafaudé
» sur leurs conceptions la pathologie des manifestations menta-
» les de la névrose, interprétant de même, du reste, avec une
» inconscience absolue du sens clinique ses manifestations phy-
» siques ».

Nous n'acquiescerons pas entièrement à l'opinion de Gilles de
la Tourette et, tout en rejetant le terme dont se sert Janet, nous
admettons volontiers son idée primordiale qui est celle de la
scission entre la conscience et l'automatisme psychologique dont
il a fait une remarquable étude reprise par Grasset dans une
clinique magistrale. C'est, en somme, une véritable désagrégation mentale bien mise en lumière par le schéma ci-contre.

« O restant le centre psychique supérieur, siège du Moi per-
» sonnel conscient, libre et responsable, il y a au-dessous un

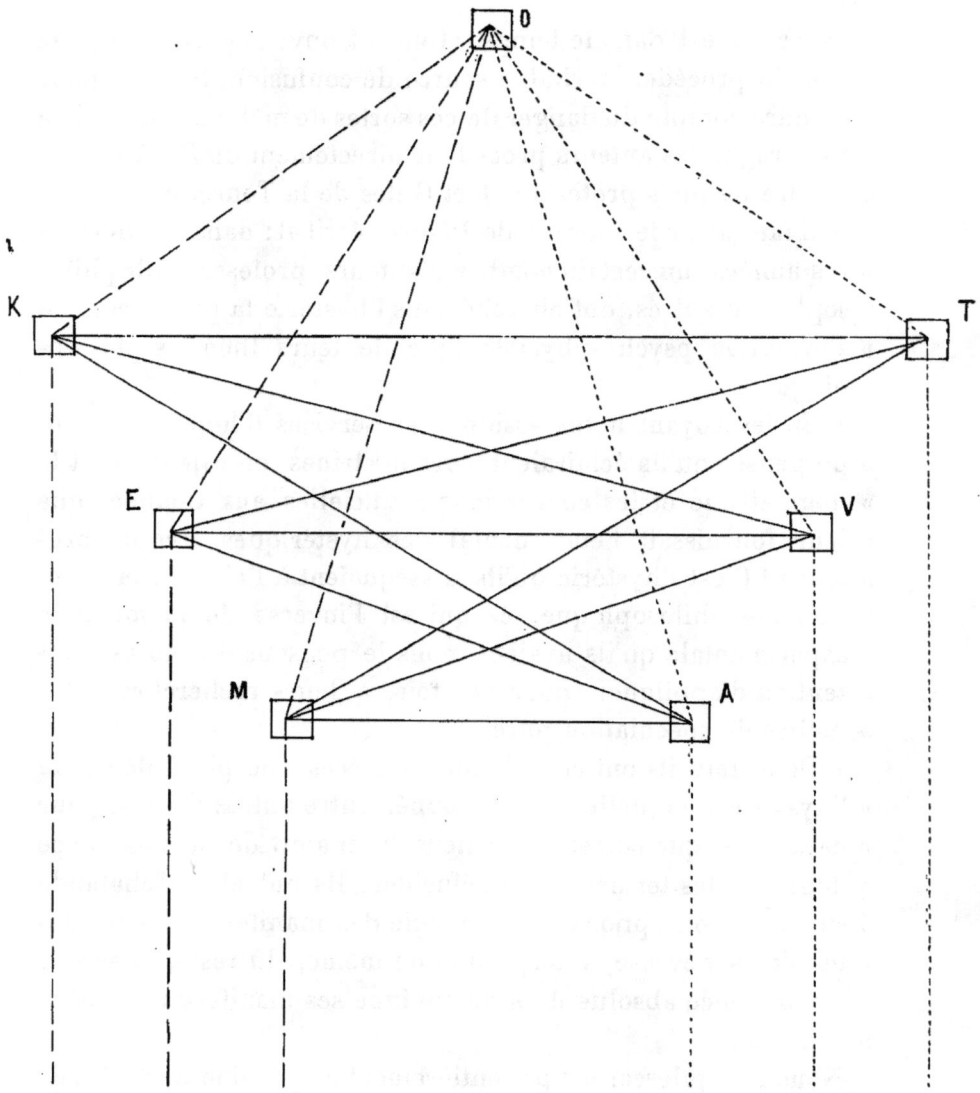

_____ _Fibres transcorticales intrapolygonales_

.... _Fibres sus-polygonales centripètes_

_ _ _ _ _ _ _ _ _ _Fibres sus-polygonales centrifuges_

» polygone dès centres automatiques. D'un côté, nous mettons
» les centres sensoriels de réception comme A centre auditif,
» V réunion des centres visuels, T réunion des centres de sensi-
» bilité générale. De l'autre côté nous plaçons des centres mo-
» teurs de transmission comme K réunion des centres kinétiques
» (centre des divers mouvements du corps), M centre de la parole
» articulée, E centre de l'écriture » (1).

Ces centres, tous situés dans la substance grise des circonvo-
lutions cérébrales, sont reliés entre eux de toutes manières par
des fibres transcorticales, intra-polygonales et reliés au centre
supérieur O par des fibres sus-corticales, sus-polygonales. Ces
fibres sus-polygonales sont de deux espèces au point de vue
physiologique, les unes sont centripètes, les autres centrifuges.

Dans le polygone A V T E M K se combinent les actes de l'automatisme psychique. Ils se distinguent de l'acte réflexe dont
ils sont la manifestation la plus élevée par ce fait qu'ils présen-
tent tous les caractères de la spontanéité et qu'ils sont susceptibles de manifester des phénomènes de mémoire et d'intellectua-
lité. Ils se distinguent des actes psychiques supérieurs en ce
qu'ils ne sont pas conscients par eux-même ; en effet, on n'a
conscience des actes automatiques qu'autant que les communi-
cations AO, VO, TO, KO, MO, EO, centripètes sont intactes et
fonctionnent.

Mais on trouve des états dans lesquels il y a dissociation entre
O et le polygone, et l'automatisme psychologique continue à
manifester son activité sans influencer le centre psychique supérieur. Nous trouvons cette dissociation à l'état physiologique
dans le sommeil naturel, le rêve, la distraction. Quand nous
sommes distraits, des impressions sont reçues des actes effec-
tués sans que nous en ayons conscience, et déjà si nous soute-
nons que nous n'avons pas conscience d'avoir entendu ou vu
telle chose, fait tel acte, on nous répond : Vous ne vous en sou-
venez pas parce que vous voulez ne pas vous en souvenir : première accusation de mensonge !

---

(1) Grasset, *Leçons de clinique médicale*, 2ᵉ série.

Chez les nerveux, nous trouvons cette dissociation dans les cauchemars; dans les rêves parlés ou actifs, les phénomènes d'écriture automatiques, etc.

Tous, nous avons une part de subconscient, l'habitude, l'association des idées en sont la preuve; la désagrégation mentale existe toujours en puissance à l'état sain, mais elle devient actuelle dans l'hystérie, la scission entre le centre O et le polygone s'accentue.

Il en résulte un défaut évident de synthèse; les sensations arrêtées aux centres visuels, auditifs, tactiles, réagissent directement sur les centres moteurs, tandis que le centre supérieur s'absorbe en des idées qui restent indépendantes et il éprouvera une grande peine pour passer de l'une à l'autre : « Je tombe dans une idée comme dans un précipice, disait un malade de Janet, et la pente est bien dure à remonter. »

En somme, les pensées des hystériques ne sont nullement équilibrées. La désagrégation mentale gêne leurs fonctions intellectuelles, infirme leur jugement, lui permettant de confondre des idées mal assimilées, de substituer au réel ce qui n'est qu'imaginaire, au physique ce qui n'est que moral. En soustrayant au contrôle du centre O un polygone assez malléable pour pouvoir obéir ensuite au centre O de l'hypnotiseur, elle explique leur suggestibilité. Enfin elle peut arriver à constituer une série d'état de mal comme le somnambulisme et le dédoublement de la personnalité portant, eux aussi, une grave atteinte à leur sincérité.

AMNÉSIES

Les amnésies sont fréquentes dans les névroses : elles sont un des grands signes épileptiques et sont loin de faire défaut dans l'hystérie.

Dans l'hystérie, l'amnésie peut revêtir presque toutes les formes; elle peut être partielle, atteindre la mémoire des nombres, des figures, des noms propres. Il arrive qu'elle porte aussi sur les formes les plus élevées et les plus instables de la mémoire, sur celles qui, accompagnées de conscience et de localisation dans le temps, constituent la mémoire psychique proprement dite. Enfin la névrose peut affecter la mémoire tout entière, coupant en deux ou trois tronçons la vie mentale du malade, y creusant des trous que rien ne comble ou la démolissant en totalité par action lente ; on se trouve, en un mot, en présence de l'amnésie générale.

L'amnésie générale peut se présenter dans l'hystérie sous forme d'amnésie temporaire comme dans le cas de Mortimer-Granville ; mais ce sont les amnésies périodiques qui sont les plus caractéristiques et qui sont susceptibles d'éclaircir le plus notre travail. Ces amnésies aboutissent bientôt aux aberrations et aux maladies de la personnalité. Le premier cas qui ait été bien étudié est celui de Macnish (1).

Une jeune dame américaine, après une attaque de « mal de sommeil », perd le souvenir de tout ce qu'elle a appris, sa mémoire était devenue une table rase. Il fallut tout lui rapprendre. Quelques mois après, elle fut reprise d'un profond sommeil et quand elle s'éveilla elle se retrouva telle qu'elle avait été avant son premier sommeil, ayant toutes ses connaissances et tous les souvenirs de sa jeunesse, par contre ayant complètement oublié ce qui s'était passé entre ces deux accès.

Pendant plus de quatre années elle a passé périodiquement d'un état à l'autre, toujours à la suite d'un profond sommeil. Elle a aussi peu conscience de son double personnage que deux personnes distinctes en ont de leurs natures respectives. Dans l'état « ancien » elle possède toutes ses connaissances primitives. Dans l'état « nouveau » elle a seulement celles qu'elle a pu acquérir depuis sa maladie ; si des personnes lui sont présentées dans un ou deux états, cela ne suffit pas ; elle doit, pour les connaître d'une manière suffisante, les voir dans les deux états. Il en est de même des autres choses.

Azam fut celui qui fixa définitivement l'histoire du dédoublement de la personnalité. Le premier cas qu'il rapporte (2) est

---

(1) Macnisch, Philosophy of sleep.
(2) *Revue scientifique,* 22 décembre 1877.

peu net. La mémoire normale disparaît et reparaît périodiquement. Dans l'intervalle, il ne se forme pas une mémoire nouvelle ; mais le malade conserve quelques faibles débris de l'ancienne.

Enfin vient la célèbre observation de Félida X..., trop connue
pour que nous croyons nécessaire de la reproduire ici. Elle
peut se résumer ainsi : La malade passe alternativement par
deux états, état prime, état second. A l'état second, elle a toute sa
mémoire ; à l'état prime, elle n'a qu'une mémoire partielle for-
mée de tous les états de même nature qui se soudent entre eux.

C'est bien la formule qui régit effectivement les lois de la
mémoire chez les malades atteints du dédoublement de la personnalité, chez les hystériques somnambules ou hypnotisables.

A l'état normal (état prime ou état de veille), le sujet se
rappelle tout ce qui s'est passé dans les précédents similaires,
mais n'a aucune mémoire de son état second ou de son état de
sommeil.

A l'état second, à l'état de somnambulisme ou de sommeil
hypnotique, il se rappelle à la fois les faits de sa vie normale et
les faits de ses précédents états de mal ou de sommeil.

Voici donc une nouvelle cause d'erreur. Pendant l'état second,
le sommeil somnambulique ou hypnotique le sujet agit ; au
réveil, il ne se rappelle plus les actes de son état de mal, les
nie, il a égaré quelque chose et il se plaint qu'on l'ait volé.

Une somnambule hystérique de M. Mesmet se servait, pendant
sa crise, de certains objets qu'elle ne retrouvait pas dans son
sommeil et ne se souvenait plus de l'endroit où elle les avait
placés, elle soupçonnait la fidélité de sa domestique, songeait à
la renvoyer.

Macario cite le fait d'une fille violée pendant un accès et qui
n'en avait aucune connaissance au réveil. Ce n'est que dans
l'accès suivant qu'elle révèle le fait à sa mère.

Enfin nous avons à citer le fait caractéristique dû à Dufay.

« Un jour, une dame constate qu'on lui a volé des bijoux. A
son avis, une seule personne pouvait être coupable, une petite
domestique qu'elle croyait honnête mais qui, seule, avait eu la

clef du coffret à bijoux. La petite domestique, emprisonnée, nia avec toutes les apparences de la sincérité. La religieuse de la prison dit à Dufay que la petite était sujette à des accès de somnambulisme provoqué : en cet état, l'enfant avoua et dit où l'on trouverait les bijoux. Il fut facile de démontrer que la jeune fille, ayant commis le rapt en état de sommeil hypnotique et en dehors de toute responsabilité, n'en avait aucun souvenir qu'en état analogue. Donc, dans l'état prime, lorsqu'elle niait le vol, il n'y avait pas mensonge mais simplement oubli ».

CHAPITRE V

En bien des circonstances, nous venons de le voir, les hystériques qu'on accuse de mensonge ne font que se tromper ; elles
entraînent les autres dans leurs erreurs, mais elles en sont les
premières victimes. Il ne faudrait point pourtant en inférer
qu'elles ne mentent jamais.

« Je crois juste de dire, écrit Gilles de la Tourette, qu'elles
ne mentent pas beaucoup plus que le commun des mortels ».
Ne mentiraient-elles que dans cette proportion, elles mentiraient
encore, mais nous ne croyons pas que l'expression de Gilles de
la Tourette soit l'expression de la vérité ; nous croyons que
l'hystérique ment, non seulement plus que le commun des mortels, mais encore plus que le commun des femmes. Nous avons
montré quelles sont les perturbations apportées à son état mental, ces perturbations peuvent singulièrement influencer le
moral de ces malades et créer des vices, le mensonge pour ne
citer que lui.

Nous pouvons déjà trouver chez l'hystérique le mensonge que
nous appellerons mensonge normal, celui qui n'appartient pas
plus à l'hystérique qu'à une autre ; mais nous avons la conviction
que le mensonge hystérique existe réellement ; mensonge de
puérilité, mensonge de faiblesse, mensonge aussi d'exagération ;
il est certainement bien moins fréquent qu'on n'avait voulu le
dire, mais il ne faut point, tant s'en faut, en faire fi.

Prenons d'abord le mensonge ordinaire, celui que nous avons
appelé mensonge normal. Il est certain qu'il y a des menteuses et ces menteuses peuvent être hystériques, leurs mensonges

seront ce que sont les mensonges de tout le monde, et c'est en somme à ce genre que l'on peut rattacher l'histoire de la malade de Grasset (1).

OBSERVATION IX

Agée de 19 ans, forte, grande, bien charpentée, Louise A... offrait depuis le mois de septembre des crises spontanées à deux types : grandes crises convulsives et petites crises de sommeil à forme cataleptique et somnambulique ; de plus, elle était hypnotisable. Son médecin et sa famille me demandèrent de la recevoir à Montpellier, dans mon service de clinique ; j'acceptai, et la malade fut le 7 septembre admise à l'hôpital.

1° *Crises convulsives.* — Début par la sensation de boule et par les fourmillements dans les membres. La malade étouffe et ne peut plus parler pendant toute la durée de la crise ; elle tombe souvent sans se faire mal ; dès le début, elle entre en contracture et se place d'abord en opisthotonos, les mains jointes sur la poitrine, les pieds en varus équin. Après ce début, clownisme remarquable, mouvements lents et progressifs, poses bizarres.

Durée : 1/2 heure à 3/4 d'heure.

Arrêt spontané ou provoqué par la pression de l'ovaire.

Fatigue intense au réveil.

2° *Sommeil spontané.* — Crises pouvant durer plusieurs heures, permettant à la jeune fille, qui est couchée les yeux clos, de causer et d'exécuter tous les actes qu'on lui commande.

3° *Stigmates.* — Hémianesthésie relative à gauche, anesthésie de la langue et abolition du réflexe pharyngien.

Rétrécissement notable du champ visuel à gauche.

Zones hystérogènes se comportant aussi comme zones hystéro-frénatrices dans la région ovarique gauche et au niveau du vertex.

Malade hypnotisable et présentant une forme différente de sommeil provoqué suivant que l'on varie le mode d'hypnotisation.

Réglée à 14 ans, elle avait accusé, dès son entrée à l'hôpital, des

---

(1) Grasset, *Leçons de clinique médicale*, 1re série : *Roman d'une hystérique.*

Richard   4 irrégularités menstruelles. Le 11 octobre, Rauzier crut devoir pratiquer un examen plus approfondi de l'abdomen, ce fut un examen purement extérieur, mais le palper et l'auscultation révélèrent nettement l'existence d'une grossesse parvenue au cinquième mois.

Lorsqu'on lui annonça ce diagnostic, elle raconta l'étrange histoire qui va suivre et qui pouvait s'ajouter à la liste déjà nombreuse des crimes commis à la faveur sinon de l'hypnotisme, du moins de l'hystérie.

Dans les derniers jours de mai 1889, un colporteur était venu chez elle et avait vendu de la toile à sa mère, la jeune fille étant présente. En causant, la mère raconta au colporteur que sa fille était bien malheureuse : malgré son air de santé, elle avait de grandes attaques durant lesquelles elle perdait connaissance. Le colporteur parut s'intéresser à cette histoire ; reconnaissant des emplettes que la mère avait faites, il promit d'apporter une douzaine de mouchoirs en étrennes à la jeune fille. Peu de jours après, en effet, il revient, croise en route la mère qu'il feint de ne pas voir et trouve la jeune fille toute seule : « Je vais chercher ma mère, dit-elle. — C'est inutile, répond le colporteur » ; il se jette sur elle, la jeune fille tombe en crise, perd connaissance et ne se rappelle plus rien. Quand elle reprend ses sens, le colporteur a disparu, et, depuis, on ne l'a plus revu.

Au retour de sa mère, Louise lui raconte tout, la bonne femme se lamente en famille et, soucieuse du « qu'en dira-t-on », ne veut pas saisir la justice de l'affaire.

On endort la jeune fille à plusieurs reprises et on lui pose, durant le sommeil, des questions sur le viol dont elle a été victime, chaque fois elle répète exactement le même récit.

Il ne pouvait subsister de doute, on était bien en présence d'un fait criminel commis dans les circonstances les plus remarquables; il s'agissait d'un viol commis sur une femme adulte et forte, à la faveur d'une attaque d'hystérie provoquée.

Comme la malade était hypnotisable et complètement anesthésique pendant le sommeil, on conçut la pensée de faire naître, sans que la mère en eût conscience, cet enfant dont la conception avait eu lieu dans l'état d'inconscience. On devait endormir la jeune femme dès les premières douleurs, l'accoucher à son insu.

Le viol ayant été commis fin mai, l'accouchement devait avoir lieu fin février; or, le 30 décembre au matin, des douleurs surviennent et le travail s'établit. La jeune fille attribue ces phénomènes prématurés à une chute faite la veille dans l'escalier.

Rauzier endort la malade à plusieurs reprises par les procédés habituels; le sommeil s'établit chaque fois mais il cesse aussitôt que survient une contraction utérine un peu violente, la jeune femme ouvre immédiatement les yeux, pousse des cris et déclare qu'elle ne peut rester endormie. La nuit suivante, l'accouchement se produit régulièrement, il se termine par l'expulsion d'un enfant à terme; donc la conception ne pouvait avoir eu lieu fin mai, mais bien fin mars. Cette considération renversait tout le récit de Louise et le colporteur devait être innocenté.

La jeune fille, bien que très surveillée par sa famille, avait un amant. Devenue enceinte en mars, ses règles manquent pour la première fois fin mars. Après une seconde défection menstruelle, certaine d'être grosse, elle a imaginé, pour fournir à sa mère une explication relativement honorable, l'aventure du marchand de toile. Celui-ci a existé, il s'est présenté chez elle en mai, il est venu en l'absence de sa mère, mais il n'a fait aucune tentative.

La seconde conséquence était celle-ci : La jeune fille avait textuellement maintenu son récit au cours du sommeil provoqué; le sommeil avait, d'ailleurs, bien vite cédé devant les douleurs de l'accouchement; donc ce sommeil était lui-même simulé; poussée à bout par Grasset, Louise ne tarda point à lui en faire l'aveu.

Cette observation est celle d'un mensonge banal; c'est celle d'une femme hystérique qui ment et non celle d'une femme qui ment parce qu'elle est hystérique. Mentir pour cacher une faute est chose naturelle en somme et bien excusable.

Mais il n'en est pas moins vrai qu'il existe un mensonge hystérique qui est le fait de la névrose ou auquel elle a imprimé sa marque caractéristique. Si nous avons rejeté la théorie de Huchard et de Legrand du Saulle, attribuant les mensonges hystériques au besoin de se faire valoir, de se mettre en évidence, c'est qu'ils ont eu le grand tort de généraliser et surtout d'attribuer à cette soif de notoriété un très grand nombre de pseudo-mensonges par auto-suggestibilité, mais nous estimons qu'il est également exagéré de nier absolument et le mensonge des hystériques et les soins qu'elles prennent pour que l'on s'occupe d'elles.

L'hystérique, au point de vue mental, est une infantile; sa névrose l'ancre dans la puérilité.

L'enfant n'est pas égoïste, son esprit ne lui permet pas encore de voir si son bien-être est fait des privations de ceux qui l'entourent, mais lorsqu'il aperçoit quelqu'un qui, près de lui, est dénué de ce qu'il a, son premier mouvement est de partager avec lui; pour employer l'expression commune, « l'enfant a bon cœur »; il s'apitoie facilement sur le sort des autres, l'infortune trouve grâce devant lui. Cependant l'enfant fait de son être le centre de tout ce qu'il connaît; ne pouvant pas encore synthétiser son moi dans les pronoms de la première personne, le pivot de son babillage est son nom. Plus tard, ce sera toujours « je » et « moi »; parlez devant lui, il se met en cause tout de suite.

Or, l'hystérique est telle; pour elle, c'est toujours « je » et « moi »; tout de suite elle se met en cause dans une conversation; « c'est de moi qu'il s'agit? C'est de moi que l'on dit cela? » sont des interrogations fréquentes dans sa bouche. Il n'est pas difficile d'exagérer cette tendance; l'insincérité n'est pas loin.

Le fond de son caractère est la suggestibilité : combien de simulations chez elle sont des faits de suggestion? Elle sait qu'elle est hystérique; elle sait la place que tient l'hystérie dans la science contemporaine; dans cette science, elle a un rôle, un rôle important, elle ne se contente pas de l'interpréter simplement, elle charge. Rien ne vaut que par elle, a-t-on dit; c'est une erreur, rien ne vaut que par la suggestion qu'elle subit et qu'elle exagère encore dans ses applications à mesure qu'elle s'assure de plus en plus dans son esprit.

Elle joue un rôle, disons-nous, mais elle se délecte de le jouer, plus que toute autre elle aime son métier d'actrice; elle se regarde jouer comme beaucoup d'hommes, comme presque toutes les femmes, comédiennes dans toute l'acception du mot. « La sincérité, exigence énorme s'il s'agit d'une femme, dit R. » de Gourmont (1), les plus vantées pour leur candeur furent » comédiennes encore »; et plus loin, montrant toute l'importance de la suggestibilité : « C'est incapacité de nature à se » penser soi-même, à prendre conscience de soi en son propre » cerveau et non dans les yeux et sur les lèvres d'autrui ».

Suggestions encore les calomnies nées de l'aversion qu'elles montrent vis-à-vis de certaines personnes pour des préjudices que ces personnes leur ont causés... en rêve; bien heureux encore quand elles s'arrêtent à ce mode de vengeance et qu'elles n'imitent pas cette malade qui se livrait à des voies de fait sur une de ses amies qu'elle avait vu en songe la frapper avec un poignard.

Prenons maintenant la suggestion post-hypnotique dont nous avons parlé dans un précédent chapitre. Dans ce que l'on appelle les crimes de laboratoire, nous voyons que l'hystérique ne se contente pas toujours d'exécuter à la lettre l'acte suggestionné, elle ajoute d'elle-même des détails, elle emploie tous les moyens qui peuvent amener la réussite du fait provoqué; au besoin, elle mentira comme le prouve le fait suivant :

On persuade à une hystérique en état d'hypnose que l'eau d'une carafe est empoisonnée, on lui suggère d'empoisonner au moyen de cette eau une personne qui se trouve présente. Réveillée, la malade ne va pas de prime-abord offrir un verre de cette eau à la personne en question, elle s'approche d'elle, cause aimablement, puis au cours de la conversation : « Comme il fait chaud, dit-elle, je suis sûre que vous devez avoir soif vous aussi ». L'on se défend, et la malade insiste, elle se fait enjouée, insinuante. « Si, vous devez avoir besoin de vous rafraîchir ». Elle remplit un verre d'eau, le donne, on le boit et on fait semblant de se trouver mal. Jouant parfaitement la comédie qu'elle s'est imposée, elle s'étonne, émet des hypothèses sur l'indisposition de sa victime, jusqu'au moment où quelqu'un

(1) R. de Gourmont, *Le livre des masques.*

la prenant à part et lui disant brusquement. « Vous venez d'empoisonner cette personne », elle supplie qu'on ne la trahisse pas.

Cette suggestibilité si apparente de l'hystérique est marque de faiblesse psychique; l'hystérie est une sorte de tare, une déchéance, un véritable état de *misère psychologique*. L'aboulie n'y est pas moindre que l'amnésie. L'hystérique en général, fuit l'effort, elle se cantonne volontiers dans l'inactivité mentale ; inapte à la lutte, elle en recule l'échéance aussi loin qu'elle le peut. Pour se soustraire à une démarche, à une explication, pour la retarder au moins, elle a parfois recours à un mensonge, véritable mensonge de faiblesse.

Une hystérique que nous connaissons était arrivée par trois mensonges successifs à retarder de trois jours une explication qu'elle devait avoir avec sa famille. C'était une explication toute simple, dont la difficulté s'était accrue du fait du retard qu'elle y avait apporté. Comme nous lui demandions pourquoi elle avait agi ainsi : « Parce que je me sentais *trop faible* pour prendre sur moi de dire la vérité les deux premiers jours », nous répondit-elle.

D'ailleurs, par suite de cette faiblesse, il arrive souvent que l'hystérique ne ment pas mais qu'on la fait mentir. Il est fréquent que ce ne soit pas de son propre mouvement qu'elle parle, elle attend qu'on l'interroge et, dans ce cas, il se peut que l'on soit trompé par elle, car sa paresse de décision est telle qu'elle choisit généralement la réponse nécessitant le moins de travail intellectuel.

L'abolition de la force morale directrice, l'anarchie dans le domaine des forces intellectuelles ne se traduit pas que par cette faiblesse de décision, cette apathie si caractéristique; elle produit plus souvent encore, soit en même temps que cette apathie, soit indépendamment d'elle, un véritable état d'éréthisme nerveux. C'est à cet état que sont dus beaucoup de ces récits vrais pour une part, faux pour l'autre, de ces jugements admissibles quant à leur point de départ mais aussitôt erronés par exagération fréquents chez l'hystérique.

Nous savons que, pour elle, le difficile n'est pas d'avoir une idée juste d'une chose, mais de conserver juste cette idée rapidement déformée par les troubles de son intellect. Un des symptômes intellectuels fréquents chez elle est de ne pas savoir modérer ses impressions ; elle les subit au point d'en être tout accaparée et c'est très facilement qu'elle exagèrera dans leur sens. Cette propension à l'exagération, cette facilité de pousser son idée au delà du point où elle cesse d'être juste, fait que l'hystérique plus que n'importe qui est un peu de Tarascon. C'est le fameux « mirage » qui fait dire à L... venant de voir un rassemblement un peu important qu'à tel endroit il y a une foule énorme, que la place est bondée de monde. Selon que J... (1), hystérique, 22 ans, aime quelqu'un ou ne l'aime pas, il est pour elle tout bon ou tout mauvais. C'est encore une suggestion pour elle, mais comme notre pseudo-empoisonneuse de tout à l'heure, avec la plus insigne mauvaise foi, elle ajoute aux qualités et aux défauts des détails de son cru.

Il n'est pas jusqu'à cette versatilité dans les idées et les sentiments pathognomoniques de la névrose, à cette véritable « ataxie mentale », qui ne porte atteinte à leur sincérité. Tout est trop mobile chez elles pour qu'elles aient la tenue morale et intellectuelle sans laquelle il ne saurait y avoir une véritable franchise.

Il est certain qu'elles ont souvent « le besoin de mentir sans intérêt, sans objet », ainsi que le dit Tardieu, mais il ajoute « uniquement pour mentir ». Est-ce bien vrai? Non, car c'est donner déjà un objet à leurs mensonges; or, ils n'en ont pas. Parfaitement sincères, en général, pour tout ce qui peut avoir quelque importance et quelque intérêt, il arrive qu'elles émaillent leur conversation d'une quantité de mensonges insignifiants. Ils sont si futiles, d'une telle inconséquence, que leur cachet maladif éclate immédiatement aux yeux. C'est un besoin, certes, mais un besoin morbide et paradoxal comme les envies d'une femme grosse et le goût des fillettes à la puberté pour le vinaigre et les fruits verts. Leur exubérance n'est pas satisfaite des sujets

(1) Janet, *Etat mental des hystériques*, I.

ordinaires de causerie, il faut des matériaux à leur bavardage, inconsciemment elles en puisent en elles-mêmes.

Rien ne peut donner une idée de tout ce qui sera pour elles occasion à broderie ; non contentes d'inventer une histoire aussi absurde qu'inutile, elles en donnent presque coup sur coup une deuxième version, puis une troisième ; elles en deviennent parfaitement insupportables.

Il semblera peut-être que ce dernier chapitre contredit les précédents. Il n'en est rien : nous avons admis que l'hystérique pouvait mentir comme toute autre femme et même plus que toute autre femme, il n'en reste pas moins vrai qu'un très grand nombre de mensonges hystériques ne sont que des pseudo-mensonges. L'ancienne théorie est fausse parce qu'exagérée : il est des hystériques qui mentent, mais il en est beaucoup qui se trompent et il y en a beaucoup dont l'instinct de véracité n'est nullement atteint par la névrose. Ce serait de même une erreur que d'exagérer la théorie de la Salpêtrière et de voir uniquement des pseudo-mensonges chez les hystériques.

Il est une autre conclusion qui découle de ce chapitre : l'on avait surtout relevé comme mensonges hystériques des mensonges d'une extrême gravité tant par le degré de perversité qu'ils supposaient que par leurs conséquences ; or ce sont justement ces mensonges, les plus importants de beaucoup au point de vue médico-légal, qui sont des pseudo-mensonges. Il est bien rare que les vrais mensonges hystériques aient cette importance ; ils sont en général bénins. Mensonges de faiblesse ou d'exagération, mensonges futiles, ils sont l'effet d'une véritable ataxie mentale, je le répète, d'une puérilité bizarre ; leur allure morbide est caractéristique, mais ils sont sans perversité. Mensonges, dit-on ; un mot les caractériserait bien mieux, celui de *menteries*.

CHAPITRE VI

On peut ranger sous deux chefs différents les conséquences qu'entraînent les mensonges des femmes hystériques; les unes se rapportent aux personnes contre lesquelles sont faits les mensonges, les autres aux malades elles-mêmes.

L'on a tant d'exemples de femmes hystériques ayant porté des accusations qui furent ensuite reconnues fausses, que c'est devenu un devoir pour le magistrat comme pour le médecin légiste d'examiner avec le plus grand soin quelle peut être la sincérité d'une plainte déposée par une femme hystérique. Qu'il y ait pseudo-mensonge ou mensonge réel, en fait, la conséquence est la même.

Donc, la névrose dûment diagnostiquée, l'examen médical devra porter sur l'état mental de l'accusatrice; l'on devra déterminer si l'on se trouve en présence d'une forme d'hystérie prédisposant d'une façon plus particulière aux hallucinations; l'on recherchera les troubles psychiques, les amnésies, les attaques de somnambulisme, etc. Le médecin sera même parfois en droit, ayant constaté entre certains troubles nerveux et l'accusation portée, une relation soit directe, soit possible, de recourir à l'hypnotisme, comme dans les cas de Mesmet et de Dufay, pour démontrer que l'accusation est sous la dépendance de l'état maladif.

En somme, étant donné que les faits allégués par la plaignante peuvent, du fait de sa névrose, être parfaitement imaginaires, la plus grande prudence est nécessaire pour éviter à tout prix une de ces erreurs judiciaires si fréquentes jadis et que les données de la science contemporaine ont faites si rares de nos jours.

Il ne faut pourtant point pousser l'incrédulité à l'excès. Les hallucinations et les rêves hystériques, de nature généralement érotique, sont très souvent l'origine d'accusations de viol et d'attentat à la pudeur; c'est donc des accusations de viol que l'on suspectera le plus la véracité; or le viol est le crime le plus ordinairement commis sur les femmes hypnotisées.

Le professeur Pitres cite notamment le cas d'une hystérique ayant aux coudes et aux creux poplités des zones hypnogènes. Entraînée dans une partie de plaisir par une autre hystérique qui connaissait parfaitement cette particularité, elle fut saisie par le bras, tomba en léthargie et fut violée.

Brouardel donne l'observation d'une jeune fille de Rouen atteinte d'hystérie non convulsive, tombant dans un état de sommeil nerveux et qui, dans cet état, fut violée par un dentiste.

Mabille raconte qu'une jeune fille de vingt-deux ans, dans un accès de léthargie hystérique, fut violée par quatre individus.

Nous-même connaissons un cas de viol commis par un infirmier sur une jeune fille mise par lui en état de sommeil hypnotique.

Or, s'il est des cas où la léthargie est accompagnée de perte de connaissance complète et d'oubli absolu, au réveil, de ce qui s'est passé pendant l'attaque, il en est d'autres, dits de léthargie lucide, dans lesquels l'hystérique, incapable de se soustraire aux violences, conserve la conscience de ce qui se passe. Au réveil, elle peut se faire accusatrice. Alors, on aura la tendance, bien justifiable il est vrai, de prononcer le mot d'hallucination ou de mensonge et, s'il y a seulement un doute, peut-être que par peur de condamner un innocent l'on rejettera la plainte d'une malheureuse, victime d'un crime abominablement lâche.

Mais il faut bien dire que les conséquences judiciaires des mensonges hystériques ne sont pas les plus fréquentes; ce n'est pas toujours que le mensonge va jusqu'à l'accusation devant les tribunaux; il n'entraînera pas moins dans l'erreur bien des personnes ou trop crédules ou intéressées à l'accepter. Les conséquences de la calomnie ne sont pas seulement graves en cours d'assises ou en police correctionnelle, mais encore dans la vie courante. Le bon renom d'un homme ne tient pas que dans la rareté de ses rapports avec la justice; l'extrait pour néant du casier judiciaire ne fait pas seul une bonne réputation. Un faux bruit est vite répandu, vite accueilli, qui viendra porter entrave aux projets de celui qui en est la victime, troubler ses affaires et souvent ruiner le bonheur et les espérances de sa vie intime.

Et maintenant rendons-nous l'hystérique responsable de tous les dommages que peuvent causer ses mensonges?

Nous savons qu'ils sont souvent inconscients et, dans ces cas d'inconscience, il ne peut y avoir de doute. Nous sommes en présence de simples erreurs. La morbidité de leur jugement fait que, pour elles, la valeur est la même de notions erronées et de notions vraies; leur irresponsabilité est totale.

Sommes-nous en présence d'un mensonge réel? Le plus souvent la névrose l'a marqué de signes si nets qu'il est encore facile de reconnaître son origine. Très souvent né de la névrose, il fait partie de son cortège de symptômes psychiques; qu'il fasse de l'hystérique une malade dangereuse, ce n'en est pas moins une malade et l'on ne peut rendre un malade responsable des symptômes de sa maladie.

Le mensonge inconscient peut se doubler de mensonges conscients; qu'importe! puisque le sujet n'est guère plus responsable de ceux-ci que du premier. D'ailleurs, quel serait le critérium qui permettrait une délimitation bien nette de l'un et de l'autre?

Irresponsables ou presque de leurs erreurs ou de leurs mensonges, elles dépendent plus de la thérapeutique que des rigueurs du code pénal; accordons-leur donc le bénéfice du pardon et prenons-les en pitié, plutôt que de leur marquer la répulsion qu'elles ont trop longtemps soulevée.

Mais si nous accordons à l'hystérique une certaine impunité, notre conviction est qu'il est des droits dont elle doit être privée; parmi ces droits, est celui du témoignage.

Le témoignage des hommes, mode de connaissance qui vient enrichir et féconder la connaissance individuelle réduite à ses trois sources : les sens, la conscience et la raison, est d'une trop haute importance pour qu'on puisse donner toute créance à un témoignage qu'un état morbide peut entacher de fausseté.

Le témoignage vrai est la condition essentielle des justes sentences ; qu'il soit infirmé par erreur volontaire ou involontaire, le résultat, au point de vue de la justice, est le même.

La puérilité, avons-nous dit, est un des traits du caractère hystérique, on ne table pas sur les dépositions des enfants, on ne doit pas tabler sur celles des hystériques. Le témoignage ne peut compter réellement qu'émanant d'une personne libre et dont l'intellect est sain ; la mentalité des hystériques est atteinte, leur liberté souvent aussi, ne serait-ce que du fait de leur névrose.

Reid a ramené à deux principes le fondement de l'autorité du témoignage humain. Le premier est l'inclination naturelle de l'homme à dire la vérité lorsqu'il n'est pas poussé au mensonge par la passion, par l'intérêt ou par la faiblesse d'esprit ; il a donné à cette inclination le nom d'instinct de véracité. Le second principe, qui correspond à celui-là, est l'instinct de crédulité. Mais ce dernier instinct suppose le premier indemne et, lorsqu'il ne l'est plus, nous n'avons plus de raisons de croire, mais seulement de douter.

CONCLUSIONS

1° La femme hystérique a une tendance très marquée à parler contre la vérité.

2° Cependant on ne peut inférer de cela qu'elle mente, car il y a très souvent dans son cas simple erreur, par conséquent pseudo-mensonge.

3° Les pseudo-mensonges des hystériques sont la résultante des hallucinations de l'attaque ou des rêves nocturnes, des suggestions extrinsèques, des troubles de la conscience, de la mémoire et de la personnalité.

4° Il n'en est pas moins vrai que l'hystérique peut réellement mentir, mais le plus souvent ses mensonges relèvent de sa maladie ; ils sont dus à la faiblesse psychique, à la puérilité de caractère, à une véritable ataxie mentale.

5° Les mensonges hystériques ont des conséquences fort graves pour ceux contre lesquels ils sont faits : il y a nécessité à examiner avec le plus grand soin la valeur de la plainte portée par une hystérique, tout en retenant qu'elle peut contenir une part de vérité.

6° La femme hystérique ne peut être tenue pour responsable, du moins entièrement, de ses mensonges.

7° Etant donné l'atteinte portée par leur névrose à la véracité des hystériques, leur témoignage en justice ne peut avoir qu'une valeur relative.

INDEX BIBLIOGRAPHIQUE

Charcot. — Leçons sur les maladies du système nerveux, 3 vol. Alcan, 1890-1892.

— Leçons du mardi à la Salpêtrière, 1887-88 et 1888-89, 2 vol. Alcan.

Gilles de la Tourette. — Traité clinique et thérapeutique de l'hysrie, 3 vol. Plon, 1895.

Pitres. — Leçons cliniques sur l'hystérie et l'hypnotisme, 2 vol. Doin, 1891.

Grasset. — Leçons de clinique médicale :

  1ᵣₑ série : 1 vol. Masson, 1891.

  2ᵉ série : 1 vol. Masson, 1896.

  3ᵉ série : 1 vol. Masson, 1898.

Richer (P.). — Etudes cliniques sur la grande hystérie, 1 vol. Delahaye et Lecrosnier, 1885.

Azam. — Hypnotisme et double conscience, 1 vol. Alcan, 1893.

Janet (Pierre). — Etat mental des hystériques :

  I. Stigmates mentaux, Rueff et Cᵢₑ.

  II. Accidents mentaux, Rueff et Cᵢₑ.

— Névroses et idées fixes, 2 vol. Alcan, 1898.

— L'automatisme psychologique, 3ᵉ édit., 1 vol. Alcan, 1898.

Legrand du Saulle. — Les hystériques, 1 vol. J.-B. Baillière, 1883.

Bodin. — Démonomanie des sorciers.

Fleury (Maurice de). — Introduction à la médecine de l'esprit, 6ᵉ édit., 1 vol. Alcan, 1900.

Ribot. — Les maladies de la mémoire, 12ᵉ édition, 1 vol. Alcan, 1898.

Féré. — La famille névropathique, 1 vol. Alcan, 1898.

Colin (Henri). — Essai sur l'état mental des hystériques. Thèse pour le doctorat en médecine. Paris, 1890.

25,272. — Bordeaux, Imprimerie Y. Cadoret, 17, rue Poquelin-Molière.